Nossa Senhora de Fátima

Elam de Almeida Pimentel

Nossa Senhora de Fátima

Invocada para pedir um bom conselho

Novena e ladainha

Petrópolis

© 2012, Editora Vozes Ltda.
Rua Frei Luís, 100
25689-900 Petrópolis, RJ
www.vozes.com.br
Brasil

3ª reimpressão, 2024.

Todos os direitos reservados. Nenhuma parte desta obra poderá ser
reproduzida ou transmitida por qualquer forma e/ou quaisquer meios
(eletrônico ou mecânico, incluindo fotocópia e gravação)
ou arquivada em qualquer sistema ou banco de dados
sem permissão escrita da editora.

CONSELHO EDITORIAL

Diretor
Volney J. Berkenbrock

Editores
Aline dos Santos Carneiro
Edrian Josué Pasini
Marilac Loraine Oleniki
Welder Lancieri Marchini

Conselheiros
Elói Dionísio Piva
Francisco Morás
Gilberto Gonçalves Garcia
Ludovico Garmus
Teobaldo Heidemann

Secretário executivo
Leonardo A.R.T. dos Santos

PRODUÇÃO EDITORIAL

Aline L.R. de Barros
Marcelo Telles
Mirela de Oliveira
Natália França
Otaviano M. Cunha
Priscilla A.F. Alves
Rafael de Oliveira
Samuel Rezende
Vanessa Luz
Verônica M. Guedes

Editoração: Fernando Sergio Olivetti da Rocha
Diagramação: Sheilandre Desenv. Gráfico
Capa: Omar Santos

ISBN 978-85-326-4338-4

Este livro foi composto e impresso pela Editora Vozes Ltda.

Sumário

1 Apresentação, 7
2 Histórico da devoção a Nossa Senhora de Fátima, 9
3 Novena a Nossa Senhora de Fátima, 13
   1º dia, 13
   2º dia, 14
   3º dia, 16
   4º dia, 17
   5º dia, 18
   6º dia, 20
   7º dia, 22
   8º dia, 23
   9º dia, 24
4 Oração a Nossa Senhora de Fátima, 27
5 Terço a Nossa Senhora de Fátima, 28
6 Ladainha a Nossa Senhora de Fátima, 30

Apresentação

Nossa Senhora de Fátima ou Nossa Senhora do Rosário de Fátima é a designação pela qual é conhecida a Virgem Maria que apareceu durante seis meses para três crianças em Fátima, Portugal.

No dia 13 de março de 1917 as crianças cuidavam de um rebanho de ovelhas, quando tiveram uma visão de Nossa Senhora. Elas contaram que ela estava vestida de branco e que, nas diversas vezes em que apareceu, enfatizava a importância da oração e da fé em Deus e que surgia sempre com um terço entre as mãos.

Este livrinho apresenta a história das aparições de Nossa Senhora em Fátima aos três pastorinhos, a novena para o alcance da graça desejada, orações, a ladainha e algumas passagens bíblicas, seguidas de uma oração a Nossa Senhora de Fátima, acompanhada de um Pai-nosso, uma Ave-Maria e um Glória-ao-Pai.

Nossa Senhora de Fátima é invocada quando se necessita de um bom conselho e também para pedido de graça num momento de dificuldades. É festejada em 13 de maio.

Histórico da devoção a Nossa Senhora de Fátima

Em 13 de maio de 1917 as crianças Lúcia (10 anos) e os irmãos Francisco (9 anos) e Jacinta (7 anos) estavam cuidando de um rebanho de ovelhas na Cova da Iria, em Fátima, e tiveram uma visão de Nossa Senhora. Contaram que Nossa Senhora estava vestida de branco, mais reluzente que o sol, e que ela tinha um brilho transparente. A partir desse dia a Virgem de Fátima apareceu para as crianças todo dia 13 até o mês de outubro daquele ano.

Lúcia, a criança mais velha, aconselhou as outras crianças a não contarem a ninguém sobre as aparições, mas elas acabaram dizendo aos pais e assim o assunto se tornou público, e pessoas de vários lugares, curiosos e devotos queriam presenciar as aparições.

Em 13 de outubro do mesmo ano a aparição foi presenciada por milhares de pessoas que compareceram à Cova da Iria, apesar de estar chovendo naquele momento. Em determinada hora a chuva parou e o sol surgiu, lançando raios de várias cores em todas as direções. Enquanto o povo, aterrorizado, rezava o terço, sobre uma azinheira, permaneceu uma pequena nuvem imóvel, com a qual Lúcia parecia conversar em voz alta. Segundo a tradição, Nossa Senhora teria dito às crianças: "Eu sou a Senhora do Rosário" e teria pedido que fizessem ali uma capela em sua honra. Após este dia Nossa Senhora não mais apareceu na Cova da Iria, mas a sua presença é sentida pelos devotos que ali comparecem com muita fé em busca de milagres.

As revelações de Nossa Senhora às crianças ficaram conhecidas como *os três segredos de Fátima*: um falava sobre o inferno, outro sobre uma guerra mundial e o terceiro previa um atentado ao líder espiritual da Igreja Católica. Nas mensagens e revelações aos pastorinhos estão os pedidos para que a humanidade tenha mais fé e devoção, defenda a paz entre os povos e reze o terço todos os dias. O terceiro milagre referia-se ao Papa João Paulo II e, por isso, Lúcia fez questão de pedir autorização ao pontífice antes de revelá-lo.

Em maio de 1981 o papa, conhecido como "João de Deus" (1920-2005), sofreu um atentado na Praça de São Pedro, em Roma. No momento em que o atirador apertou o gatilho, o papa abaixou-se para cumprimentar uma criança que segurava um retrato de Nossa Senhora de Fátima. Conforme os laudos da perícia, o movimento fez com que o papa fosse salvo.

Conta-se que o papa se dizia impressionado com a "coincidência", que se revelava um milagre divino. Um ano após o atentado, retornou à Praça de São Pedro e agradeceu a graça diante do altar de Nossa Senhora de Fátima. Ele também visitou o Santuário de Fátima, em Portugal, três vezes, onde rezou junto aos túmulos de Francisco e Jacinta.

Jacinta e Francisco morreram ainda crianças, tendo sido declarados beatos pelo papa no ano de 2000. Conta-se que passaram pelo sofrimento da gripe espanhola sem nunca reclamar de dores, rezando muito. Inúmeros milagres foram atribuídos aos irmãos pastorinhos. Lúcia tornou-se freira e morreu no dia 13 de fevereiro de 2005. Desde a adolescência ela já revelava inclinação para a vida espiritual e escreveu em seu diário que acreditava que iria morrer em um dia 13, pois foi nesse dia que Nossa Senhora fez suas aparições.

Segundo Irmã Lúcia, Nossa Senhora sempre aparecia com um terço entre as mãos, e a importância da oração foi, várias vezes, enfatizada nas aparições. A aparição de nossa Senhora na Cova da Iria tornou-se conhecida e, no Brasil, ela é conhecida por todas as classes sociais, ricos e pobres, intelectuais e analfabetos, através do cântico popular:

> A treze de maio
> na Cova da Iria,
> no céu aparece
> a Virgem Maria.
> Ave, Ave, Ave, Maria!

Iconograficamente, a imagem de Nossa Senhora de Fátima apresenta Maria de pé, vestida de branco, com o rosário pendendo de suas mãos unidas sobre o peito, ou de seu pescoço. Sobre sua cabeça vê-se um véu branco e a coroa real. A seus pés aparecem, em algumas imagens, principalmente em pinturas e gravuras, os três pastorinhos: Lúcia, Francisco e Jacinta, ajoelhados.

Novena a Nossa Senhora de Fátima

1º dia

Iniciemos com fé este primeiro dia de nossa novena, invocando a presença da Santíssima Trindade: em nome do Pai, do Filho e do Espírito Santo. Amém.

Leitura bíblica: 1Jo 3,16-17

Nisto conhecemos o Amor: que Ele deu sua vida por nós. Também nós devemos dar a vida pelos irmãos. Se alguém possui riquezas neste mundo e vê o irmão passando necessidade, mas fecha o coração diante dele, como pode estar nele o amor de Deus?

Reflexão

Usando nossos bens de forma a servir aos necessitados, estaremos nos esforçando para ser, no mundo, testemunhas do Reino de Deus, solidários com nossos semelhantes e praticantes dos ensinamentos de Jesus.

Oração
Virgem de Fátima, derramai sobre mim o vosso amor. Vós que manifestastes em Fátima a ternura de vosso imaculado coração, trazendo-nos mensagens de salvação e paz, ajudai-me a alcançar a paz de que tanto necessito, alcançando-me a graça... (falar a graça que se deseja alcançar).

Pai-nosso.

Ave-Maria.

Glória-ao-Pai.

Ó meu bom Jesus, perdoai-nos, livrai-nos do fogo do inferno, levai as almas todas para o céu e socorrei principalmente as que mais precisarem.

Nossa Senhora de Fátima, rogai por nós.

2º dia

Iniciemos com fé este segundo dia de nossa novena, invocando a presença da Santíssima Trindade: em nome do Pai, do Filho e do Espírito Santo. Amém.

Leitura bíblica: 1Jo 3,18-19

Filhinhos, não amemos com palavras nem com a língua, mas com obras e de verdade. É assim que conheceremos que somos da verdade, e diante dele tranquilizaremos o nosso coração.

Reflexão

O Apóstolo João nos faz refletir sobre a importância do acolhimento e misericórdia para com os necessitados, pondo em prática um dos ensinamentos de Jesus.

Oração

Nossa Senhora de Fátima, Senhora da Paz, dirigi vossos olhos para mim. Auxiliai-me a ser merecedor(a) das bênçãos e graças divinas! Concedei-me a graça de que no momento tanto necessito... (falar a graça que se deseja alcançar).

Pai-nosso.

Ave-Maria.

Glória-ao-Pai.

Ó meu bom Jesus, perdoai-nos, livrai-nos do fogo do inferno, levai as almas todas para o céu e socorrei principalmente as que mais precisarem.

Nossa Senhora de Fátima, rogai por nós.

3º dia

Iniciemos com fé este terceiro dia de nossa novena, invocando a presença da Santíssima Trindade: em nome do Pai, do Filho e do Espírito Santo. Amém.

Leitura do livro *Memórias e cartas da Irmã Lúcia*:
> [...] o nosso bom Deus a tudo tem valido; conforme tem mandado a ferida, assim a tem curado. Ele bem sabe que é o único médico na terra.

Reflexão
Irmã Lúcia dedicou sua vida à oração e à divulgação das aparições de Nossa Senhora. A oração é o remédio mais seguro e eficaz para todos os males e calamidades que nos afligem a alma ou o corpo.

Oração

Nossa Senhora Mãe de Fátima, fazei-me testemunha do vosso amor e piedade. Dirigi a mim a vossa luz poderosa e aliviai meu sofrimento, alcançando-me a graça que a vós suplico... (falar a graça que se deseja alcançar).

Pai-nosso.

Ave-Maria.

Glória-ao-Pai.

Ó meu bom Jesus, perdoai-nos, livrai-nos do fogo do inferno, levai as almas todas para o céu e socorrei principalmente as que mais precisarem.

Nossa Senhora de Fátima, rogai por nós.

4º dia

Iniciemos com fé este quarto dia de nossa novena, invocando a presença da Santíssima Trindade: em nome do Pai, do Filho e do Espírito Santo. Amém.

Leitura bíblica: Sl 32,10

> Muitos sofrimentos aguardam o ímpio, mas a misericórdia do Senhor envolve quem nele confia.

Reflexão
Ao permitir que Deus assuma nossa vida, começamos a sentir a presença dele e aprendemos a confiar nele.

Oração
Nossa Senhora de Fátima, ajudai-me a entregar meus problemas, minha vida a vós e ao vosso amado Filho, aprendendo a confiar cada vez mais nele. Ajudai-me a alcançar a graça que desejo... (faça o pedido).

Pai-nosso.

Ave-Maria.

Glória-ao-Pai.

Ó meu bom Jesus, perdoai-nos, livrai-nos do fogo do inferno, levai as almas todas para o céu e socorrei principalmente as que mais precisarem.

Nossa Senhora de Fátima, rogai por nós.

5º dia
Iniciemos com fé este quinto dia de nossa novena, invocando a presença da Santíssima Trindade: em nome do Pai, do Filho e do Espírito Santo. Amém.

Leitura bíblica: Rm 2,11
> "[...] Pois Deus não faz distinção de pessoas".

Reflexão

Pelos ensinamentos bíblicos aprendemos que todas as pessoas são iguais, e um dos mandamentos de Deus é que nos amemos uns aos outros... Jesus nos ensina que devemos amar o próximo como a nós mesmos, vivenciando assim um sentimento de igualdade e fraternidade, não existindo, portanto, discriminação das pessoas. O que deve existir é o amor infinito a Deus e aos nossos semelhantes, sentimento de respeito ao próximo, sem preconceito, sem julgamento e humilhação.

Oração

Nossa Senhora do Rosário de Fátima, ajudai-me a superar qualquer tipo de preconceito que possam ter contra a minha pessoa. Livrai-nos de toda discriminação e maldade e alcançai-me a graça de que tanto necessito... (fazer o pedido).

Pai-nosso.

Ave-Maria.

Glória-ao-Pai.

Ó meu bom Jesus, perdoai-nos, livrai-nos do fogo do inferno, levai as almas todas para o céu e socorrei principalmente as que mais precisarem.

Nossa Senhora de Fátima, rogai por nós.

6º dia

Iniciemos com fé este sexto dia de nossa novena, invocando a presença da Santíssima Trindade: em nome do Pai, do Filho e do Espírito Santo. Amém.

Leitura do Evangelho: Mt 11,28-30

> Vinde a mim vós todos, que estais cansados e sobrecarregados, e eu vos darei descanso. Tomai sobre vós o meu jugo e aprendei de mim, que sou manso e humilde de coração, e achareis descanso para vossas almas. Pois meu jugo é suave e meu peso é leve.

Reflexão

Por não poder suportar as provações e dificuldades sozinhos, vamos recorrer a Jesus na certeza de que Ele nos aliviará. Vamos invocar sua mãe, lembrando-nos de que, em Fátima, Nossa Senhora infundiu nas crianças pastorinhas uma grande veneração e amor por Jesus.

Oração

Nossa Senhora de Fátima, Santíssima Virgem Maria, ajudai-me a vencer meus medos e não me deixeis dominar por sentimentos negativos. Aconselhai-me neste momento de aflição. Coloco em vossas mãos os meus problemas e peço, humildemente, vossa intercessão para o alcance da graça que vos peço nesta novena... (fazer o pedido).

Pai-nosso.

Ave-Maria.

Glória-ao-Pai.

Ó meu bom Jesus, perdoai-nos, livrai-nos do fogo do inferno, levai as almas todas para o céu e socorrei principalmente as que mais precisarem.

Nossa Senhora de Fátima, rogai por nós.

7º dia

Iniciemos com fé este sétimo dia de nossa novena, invocando a presença da Santíssima Trindade: em nome do Pai, do Filho e do Espírito Santo. Amém.

Leitura do Evangelho: Lc 11,9-10

> Digo-vos, pois: Pedi e vos será dado; buscai e achareis; batei e vos abrirão. Pois quem pede, recebe; quem procura, acha, e a quem bate, se abre.

Reflexão

Jesus compreende nossas dores, nossas lágrimas. Ele nos conduzirá. Nossa força está em Jesus, assim coloquemos nossa vida nas mãos dele através de orações. Rezemos sempre, louvando-o e bendizendo-o.

Oração

Virgem do Rosário, vós que, em Fátima, aparecestes tendo em vossas mãos um terço e que, insistentemente, repetia para orar, orar muito, concedei-me o dom da oração diariamente e atendei-me no alcance da graça de que necessito... (fazer o pedido).

Pai-nosso.

Ave-Maria.

Glória-ao-Pai.

Ó meu bom Jesus, perdoai-nos, livrai-nos do fogo do inferno, levai as almas todas para o céu e socorrei principalmente as que mais precisarem.

Nossa Senhora de Fátima, rogai por nós.

8º dia

Iniciemos com fé este oitavo dia de nossa novena, invocando a presença da Santíssima Trindade: em nome do Pai, do Filho e do Espírito Santo. Amém.

Leitura do Evangelho: Mc 9,23

> [...] Tudo é possível para quem tem fé!

Reflexão

Acreditando no poder da oração, tendo fé, equilibramos nossas emoções diante das maiores dificuldades. Jesus tudo pode e com fé enfrentamos qualquer provação. "Ele" é nossa esperança, nossa libertação.

Oração
Nossa Senhora de Fátima, mãe divina, derramai sobre mim o vosso amor. Concedei-me serenidade, esperança e força para que, guiado(a) por vós, eu possa vencer qualquer dificuldade. Mãe poderosa, ouvi minha súplica e alcançai-me a graça que vos peço... (fala-se o pedido).

Pai-nosso.

Ave-Maria.

Glória-ao-Pai.

Ó meu bom Jesus, perdoai-nos, livrai-nos do fogo do inferno, levai as almas todas para o céu e socorrei principalmente as que mais precisarem.

Nossa Senhora de Fátima, rogai por nós.

9º dia

Iniciemos com fé este nono dia de nossa novena, invocando a presença da Santíssima Trindade: em nome do Pai, do Filho e do Espírito Santo. Amém.

Leitura do Evangelho: Lc 18,16

Mas Jesus as chamou para si, dizendo: "Deixai vir a mim as criancinhas e não as impeçais, pois o Reino de Deus é daqueles que são como elas".

Reflexão

O evangelista deixa claro na mensagem acima a necessidade da conversão, de nos tornarmos como as crianças para podermos pertencer ao seu Reino. Em Fátima, Nossa Senhora apareceu para três crianças, incumbindo-as de divulgar suas mensagens. Vamos pensar nos momentos bons de nossa infância, resgatando-os no entusiasmo com a chegada do Natal, com o nascimento de Jesus e vamos viver segundo seus ensinamentos.

Oração

Nossa Senhora de Fátima, mãe querida, desejo hoje agradecer tudo o que tenho em minha vida e agradeço a vossa proteção. Mãe protetora, não permitais que eu perca a esperança nem a humildade. Conduzi-me para o alcance da graça de que tanto necessito... (fazer o pedido).

Pai-nosso.

Ave-Maria.

Glória-ao-Pai.

Ó meu bom Jesus, perdoai-nos, livrai-nos do fogo do inferno, levai as almas todas para o céu e socorrei principalmente as que mais precisarem.

Nossa Senhora de Fátima, rogai por nós.

Oração a Nossa Senhora de Fátima

Santíssima Virgem, que nos montes de Fátima vos dignastes a revelar aos três pastorinhos os tesouros de graças que podemos alcançar, rezando o santo rosário, ajudai-nos a apreciar sempre mais esta santa oração, a fim de que, meditando sobre os mistérios da nossa redenção, alcancemos as graças que, insistentemente, vos pedimos (pedir a graça).

Ó meu bom Jesus, perdoai-nos, livrai-nos do fogo do inferno, levai as almas todas para o céu e socorrei principalmente as que mais precisarem.

Nossa Senhora do Rosário de Fátima, rogai por nós. Amém.

Terço a Nossa Senhora de Fátima

Para recitá-lo em momentos de dificuldades ou em agradecimento por graças alcançadas.

• Inicie o terço fazendo o sinal da cruz. Depois, reze três Ave-Marias e um Credo.
• Em cada conta pequena, em vez da Ave-Maria, reze a oração referente àquela dezena, a seguir:

1ª dezena: "Gloriosa Virgem, tende piedade de mim".

2ª dezena: "Maria misericordiosa, estendei vossas bênçãos sobre minha vida".

3ª dezena: "Mãe generosa, entrego em vossas mãos o meu destino. Zelai por mim".

4ª dezena: "Nossa Senhora, perdoai os meus pecados e intercedei por mim junto ao seu filho Jesus Cristo".

5ª dezena: "Prometo devoção ao vosso amor divino e difundir a fé cristã".

• Nas contas grandes, em vez do Pai-nosso, faça a seguinte prece: "Nossa Senhora de Fátima, insuflai em meu coração a fé, a esperança e a bondade. Dai-me força para vencer as dificuldades, sejam de ordem espiritual ou emocional, sejam por valores morais ou materiais. Desejo superar a dor e reconhecer o amor. E, por vossa proteção, resguardai-me do sofrimento e da amargura. Amém".

• Ao terminar cada dezena, em vez de falar os mistérios, reflita sobre o seu pedido (graça a ser alcançada) e sobre os acontecimentos que o cercam.

Ladainha a Nossa Senhora de Fátima

Senhor, tende piedade de nós.
Jesus Cristo, tende piedade de nós.
Senhor, atendei-nos.

Pai celeste, que sois Deus, tende piedade de nós.
Filho de Deus, redentor do mundo, tende piedade de nós.
Espírito Santo, que sois Deus, tende piedade de nós.
Trindade Santa, que sois um só Deus, tende piedade de nós.

Santa Maria, rainha das virgens, rogai por nós.
Nossa Senhora de Fátima, rogai por nós.
Nossa Senhora de Fátima, mãe santíssima, rogai por nós.

Nossa Senhora de Fátima, rainha nossa, rogai por nós.
Nossa Senhora de Fátima, mãe divina, rogai por nós.
Nossa Senhora de Fátima, virgem do rosário, rogai por nós.
Nossa Senhora de Fátima, mãe de misericórdia, rogai por nós.
Nossa Senhora de Fátima, mãe protetora, rogai por nós.
Nossa Senhora de Fátima, senhora da paz, rogai por nós.
Nossa Senhora de Fátima, senhora de Fátima, rogai por nós.
Nossa Senhora de Fátima, virgem imaculada e santa, rogai por nós.
Nossa Senhora de Fátima, mãe do bom conselho, rogai por nós.
Nossa Senhora de Fátima, gloriosa virgem, rogai por nós.
Nossa Senhora de Fátima, refúgio contra os males que nos cercam, rogai por nós.
Nossa Senhora de Fátima, medianeira e advogada nossa, rogai por nós.
Nossa Senhora de Fátima, libertadora das almas sofridas, rogai por nós.

Nossa Senhora de Fátima, consoladora dos aflitos, rogai por nós.
Nossa Senhora de Fátima, mensageira da paz, rogai por nós.

Cordeiro de Deus, que tirais o pecado do mundo, perdoai-nos, Senhor.
Cordeiro de Deus, que tirais o pecado do mundo, ouvi-nos, Senhor.
Cordeiro de Deus, que tirais o pecado do mundo, tende piedade de nós, Senhor.

Jesus Cristo, ouvi-nos.
Jesus Cristo, atendei-nos.

Rogai por nós, Nossa Senhora de Fátima,
Para que sejamos dignos das promessas de Cristo.